いいんだよ、昨日までのこと全部。

田中満矢［著］

心が軽くなる
31のアンサー

はじめに

はじめまして。

希望を歌うロックバンド「ナイトdeライト」のドラムを担当している田中満矢《たなかみちや》といいます。

Twitter の名前は「ドラマー牧師」。

バンドのかたわら、キリスト教会で若者のための牧師をしています。この12年間、2千人以上の中・高・大学生と関わりながら居場所づくりに励んできました。彼らと過ごした時間は、いつもぼくに生きる力を与えてくれました。この本は、そんなぼくの集大成《しゅうたいせい》です。

毎日にはいろんな瞬間がありますよね。ほめてほしい時。認めてほしい時。愛してほしい時。叱ってほしい時。破裂《はれつ》寸前の風船のように心がパァンとはち切れそうになる時。たまり溜《た》まった感情を吐《は》き出す場所がない時。いのちを止めてでも楽になりたいと願ってしまう時――。

いろんな瞬間が、ぼくの人生にもありました。

「消えたい」って思ったっていい。

「死にたい」って思ったっていい。

そう思う理由が、あなたにはちゃんとあったのですから。

今読んでくれてるあなたは、今日まで生きててくれました。

それだけで十分だと思っています。


あなたがこの本を手にしてくれていること自体が、ぼくにとってうれしいことです。

「生きていてくれてありがとう。」

それがぼくの、あなたに伝えたい気持ちです。


心が呼吸できないくらい苦しいとき、この本が少しでもあなたの心を楽にしてくれたらいいと願っています。

目次を見てみてください。もしかしたら、自分の気持ちと重なる言葉があるかもしれません。そのページに綴《つづ》られた言葉が心の呼吸を楽にしてくれますように。

各項目には、そんな時に聴いてみてほしいぼくらの曲を紹介しました。

コードを読み取って、あなたのための曲を聴いてみてください。

「いいんだよ。昨日までのことは全部、もういいんだよ。
今きみがいる。ただそれだけで心は全部みちている。」
（ナイトdeライト「カラフル」より）

ただあなたがいてくれるだけで、笑顔になれる人がいます。
よければ、ふとした瞬間にページを開いてみてくださいね。

田中満矢

目次

目次

カバー挿画・本文イラスト=松本ぼっくり

1

朝起きるのが憂《ゆう》うつ。

今日、目覚めたのは
あなたが必要だから。

あなたが存在するのに
どれだけの奇跡が必要だったでしょうか。

世界が始まってから、
一度たりとも途切《とぎ》れることなく
いのちのバトンがつながれてきた先に、
あなたがいます。

「なんで今日も起きなきゃいけないんだろう。」
「学校に行く意味なんかあるのかな。」
「自分がいる意味ってあるのかな。」

そんなふうに思うとき、
ただ、いてくれたら十分です。
意味は後になって気づくものです。

「今日もあなたは生きるんだよ。」

「生きていいんだよ。」

今日も息をして、目覚めたのは
神さまがそう言っている証拠じゃないでしょうか。

せっかくですから
自分なりの命の使い方を
してみてくださいね。

あなたを必要としている人が
今日も**世界のどこかに必ずいます**から。

あなたへ贈る曲

「生きててくれてありがとう」　**ナイト de ライト**

あなたを抱きしめる人だけじゃなく、あなたしか抱きしめられない人がいる。いつも隣にいてくれた人、あなたの温《ぬく》もりで生きていける人がいることに気づかせてくれる曲。

2

失恋した。

一度終わらないと、
始まらないものがある。

ぼくらのカラダの中では、
1兆もの細胞が毎日死に、
毎日新しく生まれ変わっています。

終わりがなければ
新しい始まりもなく、
失った悲しさがあるから、
出会えた時の喜びがあります。

今がどんなに死んだような状況でも、
あなたの中には
復活する力が備わっています。

種が地に落とされて初めて
新芽を生やすことができるように、
終わりではなく、
新しいスタートが

あなたを待っています。

小さな種から
鳥が住むほどの木が育ち、
地をはうイモムシから
空を舞うアゲハ蝶《ちょう》が生まれる。

希望はいつも
後ろではなく前にあります。

悲劇の数だけある復活劇が、
あなたの未来でドラマとなり、
だれかの涙を癒《い》やす力にさえなりますから。

あなたへ贈る曲

「キシカイセイ」 **ナイト de ライト**

未来の自分から、あきらめそうになっていた過去の自分に伝えたい思いは「まだ終わりじゃない！」という叫び。どんでん返しの大逆転があなたを待っている。

3

イライラする。

思いっきり怒ったら
思いきってポイッと
捨てる。
自分のために。

「腹を立てることがあっても、
恨《うら》みをいだいて罪を犯してはなりません。
いつまでも怒ったままでいないで、
すぐに怒りを収めなさい。
悪魔につけ込むすきを与えないためです。」（聖書）

腹を立てることと
恨みをいだくことは違うのですね。
たしかにそうかもしれません。
腹が立つことはあります！

でも、恨みをいだくかどうかは、
自分の手にかかっている。

怒りをしずめる方法、
あなたはどんなことしますか？

ある人は
「その人の顔を思い浮かべて
くしゃくしゃにまるめて、ポイってする」
と言っていました。
すると、平常心で
その人とまた関わることができると。

すごいテクニックですね！

「ゆるす」とは、
相手の首にかけた手を離すこと。
怒ることがあっても
恨みをいだき、
それを**握りしめることがありませんように。**
何よりも、自分のために。

あなたへ贈る曲

「ストレスキュー隊」 **ナイト de ライト**

あなたをストレスの窮地《きゅうち》から助け出してくれるレスキュー隊がいるなら、今すぐ来てほしい！　一緒に「助けて（SOS）！！！」って叫べばストレス発散ができるノリノリ痛快ソング。

4

叱《しか》られた。

耳に痛いことを言ってくれる人も味方の一人。

本当に厳しい人はちゃんと優しいし、
本当に優しい人はちゃんと厳しいです。

「ズバッ！」っと言われて
「イラッ！」っとくるのは
じつは図星だったから、
なんてことはあるわけです。

真実ってのは
「痛い」
嘘ってのは
「優しい」

大人になればなるほど、
「アイツ恥ずかしいな」って思っているだけで、
本当のことを言ってくれる友だちは
少なくなります。

やっぱり真実から逃げたくないし、
真実のためなら
人生を注ぐ価値があります。

ぼくらに必要なのは
美しい嘘よりも、
本音、本心、ホンモノですよね。

真実の友は生涯の宝。

ホンモノを捜して
ホンモノを握っていきましょう。

あなたへ贈る曲

「夜明け前」　**ナイト de ライト**

真実の声は、眠ってしまっているこの心を呼び覚ます。目の前の真実から目をそらしていく自分に「目を覚ましておくれよ」と叫ぶ、持つべき友のような曲。

5

だれもほめてくれない。

お返しを
くれなかった人は
天国に
宝を積《つ》ませてくれた人。

心を配るなら
相手に気づかれないくらいがちょうどいいんです。

「ですから、
人に親切にする時は、
右手が何をしているのか
左手でさえ気づかないくらいに、
こっそりとしなさい。」

聖書はそう語ります。

ぼくは今まで
どれだけの多くの心配《こころくば》りに
「ありがとう」と言うこともなく
生きてきたかと思います。

今日までたどり着く背後には、

数え切れないほどたくさんの
愛情や優しさ、
犠牲があったかもしれない。
そう思うときに、
少しは自分も
こっそりお返しを
させてもらいたい気分になれました。

「天に宝を蓄《たくわ》えなさい。」（聖書）

良いことをしたら
チャリーンと天国に貯金。
だれにも気づかれなければ
ドサッと貯金ができたと思えば、
ほめられずにすねてしまう自分が
少し楽になれるかもしれません。

今日も**隠れたところでこそ**
あなたを**支えている愛があります。**

あなたへ贈る曲

「ぼくはなんにでもなれる」　ナイト de ライト

何気ない日常にも誰かの愛が隠れてる。
どんな姿にでも形を変えて、大切なあの人へ想いを伝えることができる愛の可能性に気づかせてくれる曲。

6

顔に自信がもてない。

今日から変えられるのは顔じゃなく表情。

「素敵な人だったな〜」
って人に大きく印象を与えるものは
「表情」なんですって！

人は顔より表情ですね！

心を鏡のように映し出すものが
表情ですよね。

「心の喜びがあれば顔色を良くする。
心に憂《うれ》いがあれば気はふさぐ。」

聖書はこう語ります。

無理して笑わなくても
心に喜びがあれば
自然と顔色は輝く。

心の喜びは
ぼくらを魅力的にしてくれるんですね。
悲しみは、分け合えば半分に。
喜びは、分け合えば2倍大きくなる。
心軽く
明るくいられますように。

あなたへ贈る曲

「きみの笑顔 ぼくの笑顔」　ナイト de ライト

大切な人の笑顔があったから今日までがんばれたことを思い出せる曲。あなたの笑顔も誰かの力になる。

7

わかったふりをしちゃう。

「わかんない！」って言える人が結局、一番成長する。

「聞くは一瞬の恥《はじ》。聞かぬは一生の恥」
という言葉がありますが、
未熟《みじゅく》な自分を素直に受け入れて
「教えてください！」と、
手をあげられるあなたは
勇敢《ゆうかん》な人じゃないでしょうか。

知ったかぶりをして、
自分の無知《むち》や弱さを
必死で隠そうとしている姿よりも、
自分の弱さを正直に認め、
闘《たたか》っている姿は
見る人に生きる勇気を与えます。
そして、**だれよりも成長していく人**です。

学ぶ心さえもっていれば
周りのみんながあなたの先生。

どんな子どもも、どんな大人も
ムカってなる先輩も
イラッとくる後輩も、
身近にいるルームメイトもクラスメートも、
「この人から学べることはなんだろう」
って視点を持つなら、
みんな、神さまが与えてくれた
将来の自分に必要な存在です。

「鉄は鉄によって研《と》がれ、
人はその友によって研がれる。」

聖書はそう語ります。
みんなが**あなたを磨《みが》き、研ぎ澄《す》ませ**
輝かせてくれる存在だと思うと、
ありがたく思えてきますね。

あなたへ贈る曲

「強さ誇らず」 **ナイト de ライト**

「自分には何が足りないの？」「本当に弱いままでいいの？」そんな自問自答でもがいてる。「いや、弱いからこそ輝くんだ」と歌う歌詞が強烈《きょうれつ》な共感と、励ましを与える。

8

自分が嫌いだ。

あなたの「嫌い」も
だれかの「好き」。

どこまでも弱い自分。
どうしようもなく汚い自分。

そんな自分さえも
受け入れることができるとするなら、
それは、**そんな自分を受け入れ**、
愛してくれる存在と出会ったからじゃないでしょうか。

ぼくは自分が大嫌いでした。

がんばって愛してもらおう、
がんばって認めてもらおうと
必死で生きていました。

オーバーヒートしたエンジンのように
すべてに疲れ果てて
がんばれなくなった時期が来ました。

でも、そんな時期を通ったから、
がんばれない自分さえも
受け入れてくれる人がいることに
気づけました。

なんの取《と》り柄《え》もなく
なにも貢献《こうけん》できず、
すべてを失ったように見えた自分を
何も変わらず愛してくれる存在に気づけたとき、
うれしかったのを覚えています。

取り柄を失わなければ、
気づくことができない愛があります。

愛されるためにがんばる必要はない。
愛されているからがんばれる。

認められるために全力を注ぐ必要もない。
すでに認められているから
全力で生きられる。

自分の目から見る自分が
すべてではありません。

あなたのすべてを見て、
「今日もあなたは最高だよ」
って言ってくれる人がいます。

そんな眼差《まなざ》しがあることを
頭の片隅《かたすみ》で覚えていてくれたらうれしいです。

「わたしの目には、あなたは高価《こうか》で尊《たっと》い。
わたしはあなたを愛している。」
（聖書）

あなたへ贈る曲

「マーガレットの花びら」 ナイト de ライト

「嫌いな自分」への嘆《なげ》き。そんな主人公が、理解しがたいほど大きな愛に包まれる。その叫びは聞いているこちらをも愛で包み、共感と癒やしを与える一曲。

9

素直になりたい。

今日が最後の日なら
どんな「ありがとう」を
伝えたい？

目には見えないから、
形にしなければ伝わらないもの。
それが愛情ですよね。

「ですから、あなたがたが今もどんなに深く
その人を愛しているか、どうぞ示してあげてください。」

聖書はこう語ります。

ある孤児院《こじいん》で、狂乱《きょうらん》した米兵が
子どもたちに銃《じゅう》を向けました。
彼らの「父親」代わりだったカナダ人修道士《しゅうどうし》は
すかさず前に立ちはだかったそうです。

幽霊のように実態《じったい》がなく、
名前だけが一人歩きしていた
「愛」という言葉の意味を

子どもたちは初めて知ったといいます。

愛は名詞ではなく
動詞なんですね。
伝える恥ずかしさと、
伝えられなかった後悔《こうかい》、
味わうならどっちを選ぶでしょう。

今日という日のうちに、
思いを伝えることができるなら、
自分の内側にある相手への気持ちを
見えるようにしていきたいです。

愛情を行動で示してくれた人がいたから
今日の自分がいることも
忘れたくありませんね。

あなたへ贈る曲

「幸せでした」 **ナイト de ライト**

もう一度人生をやり直したとしても、あなたと一緒に生きていたい。そう思える人があなたにもいるはず。そのまま誰かに伝えたくなるストレートな歌詞で心温かくなれる痛快《つうかい》ロックサウンド。

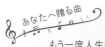

10

コンプレックスがあったらダメ？

コンプレックスがない人はいないけど、それを素直に認める人は愛される。

自信なくたっていいじゃないですか。

この弱さも、
この病気も、
あの失敗も、
その過去も、

すべてが手伝って
自分を謙遜《けんそん》にしてくれているんです。

「自信もたなきゃダメだよ！」
「コンプレックスを克服《こくふく》しなきゃ！」

そんな言葉が飛び交《か》うけれど、
聖書の中のあるストーリーで
名誉《めいよ》が与えられたのは、
自分がいかに正しいかを誇る人より

自分のクソっぷりに打ちひしがれた罪人のほうでした。

「取税人《しゅぜいにん》は遠く離れて立ち、
目を天に向けようともせず、自分の胸をたたいて言った。
『神様、罪人の私をあわれんでください。』
あなたがたに言いますが、
義《ぎ》と認められて家に帰ったのは、
あのパリサイ人ではなく、この人です。
だれでも自分を高くする者は低くされ、
自分を低くする者は高くされるのです。」 （聖書）

パウロという人は、
刺さって抜けない「トゲ」のように
癒やされない病気をもっていたことに
感謝をしていました。

ぼくもたくさんコンプレックスがあるけれど、

そのおかげで、
「自分が正しい！」って思って
孤立《こりつ》しないように、
周りにいるみんなに感謝ができるように、
心が守られているんだと思いました。

弱さがあっていい。
むしろ、**あったほうがいい。**

それでもゆるされ
愛され、
受け入れられていることに
人一倍、涙できます。

自分を素直に認めて、
等身大《とうしんだい》でいましょう。

あなたへ贈る曲

「君はそれで素晴らしい」　**ナイト de ライト**

ラジオネーム＠コンプレックスさんとパーソナリティとのやり取りが歌詞になっているナイト de ライトのライブ定番曲。ぼく自身、何度演奏しても心熱くなり、心癒やされる。

11

自分に幻滅《げんめつ》した。

それでもあなたを
信じつづける人が
今日もいる。

「二本足の奇跡の犬」
フェイスという名の犬を知っていますか?

その犬には生まれながら
前両足がありませんでした。
このままでは胸を引きずり、
しまいには胸に穴を開け、
死んでしまうだろうと診断されました。

引き取り手のいない犬を
「うちで飼いたい!」と
手をのばしたのは
ひとりの男の子でした。

ピーナッツバターをかざして
後ろ足だけで立てるようにうながしたり、
心を鬼にして

雪の中に置き去りにし、
少し離れたところにいる
自分たちのところまで歩けないか訓練しました。

その犬はフェイス（信頼）と名付けられました。
その名のとおり、
男の子の家族はフェイスの可能性を信じ、
絶対にあきらめはしませんでした。

訓練のおかげで、
いつしかフェイスは強靭《きょうじん》な後ろ足を手に入れ、
見事に二本足で立ち歩くことができる
「奇跡の犬」と呼ばれるようになりました。

かつて医者から見放され、
安楽死さえ勧められた一匹の子犬は、
今や世界中を回りながら

小児科で闘病《とうびょう》する子どもたちを癒やし、
励ましを与える医療犬として
希望を届けています。

自分の足りなさしか見えない時があります。
でも、「**あなたなら大丈夫**」って
信じることをやめなかった人が、
あなたにもいます。

自分の才能や外見に自信をもてなくても、
そんな自分が、
まるごと愛されたことに、
自信をもっていいんです。

信じてくれた人たちが
間違いじゃなかったと証明できるのは、
あなただけです。

あなたへ贈る曲

「ポラリス」 **ナイト de ライト**

夜空で決して位置を変えない北極星（ポラリス）のように、変わることなく応援し続ける存在が、迷うときの道標《みちしるべ》になると歌う応援ソング。

12

だれも自分をわかってくれない。

先にわかってあげると
後でわかって
もらえるようになる。

優しくされると、
優しくなれる。

大事にされると、
自分も大事にしたくなる。

それが人間ですよね。

「周《まわ》りは全然自分をわかってくれない」
そう思うのは、
自分がその人をわかろうとしてこなかったから
かもしれません。

「人からしてもらいたいことは何でも、
あなたがたも同じように人にしなさい。」

（聖書）

自分にしてもらいたいことを、
一つしてあげる時に返ってくる
「ありがとう」という言葉は、
きっとあなたに**力を与えてくれるはず**です。

愛の種を蒔《ま》いたら、
愛の実の収穫が待っている。

負の連鎖《れんさ》をたちきって
愛の連鎖を生んでいく変革者に
あなたがなってくれないでしょうか。

どんな歴史だって、
あなたをきっかけに
変えていくことができるんです。

必要な力が今日も与えられますように。

あなたへ贈る曲

「悩み解決事務所」　**ナイト de ライト**

「あなたが苦しいことが、苦しい人がいる。」

きっとあなたしか理解してあげられない人の感情や痛みがある。あなただから気づいてあげられる気持ちがある。

13

自分の役割が見当たらない。

全教科平均点より一教科100点が必要とされている。

あるお父さんと息子が砂浜に立っていました。

お父さんは、
砂浜に打ち上げられてしまった
無数のヒトデをひとつ、
またひとつ海へ返してやりました。
それを見ていた息子が言いました。
「パパ、もう行こうよ。
こんなにたくさんヒトデがいるんだよ。
いくつか海に返してやったってしょうがないよ。」

するとまたひとつヒトデを海に返しながら
お父さんが言いました。
「そうだね。
全部助けてあげることなんてできないけど、
今、海に返っていったヒトデは
きっと喜んでるよ。」

全部はできないけれど、
あなたにできることがあります。

多くのことを「**ほどほど**」に**こなす**か、
わずかなことを「**最高**」**に仕上げる**か、
あなたなら、どちらを望むでしょうか。

ぼくたちが普段している85％は
だれでもできることだといいます。
そして、10％は訓練を受ければできること。
わずか5％が、自分にしかできないことです。

あなたの5％はなんでしょうか。

あなただから気づけること。
あなただから大切にしたいと思うこと。
あなただから夢中になれることが

きっとあるはずです。
あなたが言う「ありがとう」じゃないと
満たされない親の心がある。

その体は、
あなたしか守ることができない。

友だちにとっては、
あなた以外、
代わりはいないんじゃないでしょうか。

多くはないけれど、わずかに、
そして、**確かにある自分にしかできない5%**を、
毎日でもやりたいと、
ぼくは思っています。

あなたへ贈る曲

「翼」

ナイト de ライト

自分に与えられた翼で羽ばたこうとしている次の世代に書いた曲。まだ羽根は柔らかく傷つけられることが多い。それでも何度でも空を目指すあなたへの応援歌。

14

自分がいないほうがいいんじゃないかって思う。

自分にしか
大事にできない
人がいる。
場所がある。

ナイトdeライトというバンドを組んで、
「なんで自分なんだろう」
って思うことがありました。

自分じゃなければ
このバンドはもっと上にいけたんじゃないか。

「自分以外、替《か》えがきかない」
という事実が、
喜びじゃなくて、
抱えきれない重みに感じることがありました。

でも、ぼくらは好きこのんで
集まったんじゃなくて
「集められたんだ」って信じています。

自分にしか愛せない人。

自分にしか守れない場所。
自分にしか果たせない務《つと》めがある。

「主がお入《い》り用《よう》なのです。」　（聖書）

「あなたが必要」と語る神さまは、
あなたを選び、
選ばれた者としてふさわしくするお方です。

あなたが偉大だから
選ばれたのではありません。
あなたを選んだ方が偉大だから、
あなたを生かすことができるのです。

あなたの代わりは
世界のどこを捜してもいません。

今日も必要とされているから
この胸に息が与えられたことを
忘れずに。

「生きる必要じゃなくて　必要だから生きる。」
（ナイトdeライト「悩み解決事務所」より）

あなたへ贈る曲

「モノグラム」　**ナイト de ライト**

いのちの手綱が一度も途切れることなく、自分までつながれてきたという奇跡。そして自分から次のいのちへとつないでいくときに託《たく》す熱い想いを込めた曲。

15

最近悪いことばっかり起こる。

困難《こんなん》の嵐の中でこそ
最強《さいきょう》の能力が手に入る。
それは「忍耐力」。

二〇一八年、台風が札幌に来たとき
木が根こそぎ折れているのを見て
びっくりしました。

どんなに葉っぱを茂《しげ》らせても、
根がしっかり地に張りめぐらされていなかったら
強風が来たとき、
根こそぎもっていかれてしまうことを
見せつけられました。

そう思うと、苦しい日々は
忍耐という根を伸ばすチャンス。
日々の風に耐《た》え、
生きる水を必死で求めるから
根は伸びていきます。

「花も、上に咲けない日がある。

そんな日は根を下へ下へと降《お》ろしましょう。」
(『置かれた場所で咲きなさい』幻冬舎)

シスターの渡辺和子さんはそう言いました。

試練つづきのとき、
たとえ葉はつけられなくても
ジッと根を伸ばしていきたいですね。

後になれば、
そんな時期こそ
自分の人生に必要な瞬間だったことがわかります。

ひとしきり降った雨がやむように、
悪いことばかり続く日々も、
かならず過ぎ去りますから。

「愛する皆さん。あなたがたの人生は、
多くの困難と誘惑に満ちていますか。
そうであれば喜びなさい。
行く道が険《けわ》しければ、
それは忍耐を養う
良いチャンスとなるからです。」

（聖書）

あなたへ贈る曲

「365」

ナイト de ライト

夏休みが終わった9月1日は最も自死が増えるという。でもそれだけは待ってほしい。今は苦しいかもしれない。でも、明日は違う気持ちかもしれない。1年後は今を微笑《ほほえ》んでるかもしれない。先に希望を感じ、今を耐え抜く力を与える曲。

16

もう疲れた。

最高の笑顔の背後には
かならず
歯を食いしばった
日々がある。

「今の時の苦難《くなん》は、
やがて私たちに啓示《けいじ》される栄光《えいこう》に比べれば、
取るに足りないと私は考えます。」（聖書）

今がどんなに苦しくても
先に待っているものは、
絶望じゃなくて希望です。

新しい命を産み出した母親が
出産の苦しみを忘れて喜ぶように、
今の苦しみもいつか、
「あれも必要だったんだ」
と言える日がくる。

「いったい、今になんの意味があるんだろう？」
そう思える「点」が、

「このためだったんだ！」と思える
「線」になる。

希望は後ろにはありません。

この道の先で、
希望があなたを待っています。

あなたへ贈る曲

「シンボウ人」　**ナイト de ライト**

辛《つら》いことを抱くと書いて「辛抱《しんぼう》」と読むけれど、ぼくらは望みを信じると書いた「信望人」。人からなんと言われようが自分が決めた先に向かって奮闘《ふんとう》するあなたへの応援歌。

17

余裕がない。

明日できることは明日やろう。

無責任という意味ではなく、
「今」を思いっきり堪能《たんのう》しよう！　っていう
いさぎよさは必要です。

「マルタ、マルタ、
あなたはいろいろなことを思い煩《わずら》って、
心を乱しています。
しかし、必要なことは一つだけです。
マリアはその良いほうを選びました。
それが彼女から取り上げられることはありません。」
（聖書）

聖書に出てくるマリアさんは
「今この瞬間」を喜んで、
楽しむことを選んだ女性でした。

一方マルタさんは

「今足りないこと」を心配して、
忙しく、心は思い煩いで
いっぱいになっていたといいます。

ぼくもつい、心配事に思いふけって
今をないがしろにしてしまいます。

でも、
今という瞬間は
二度と帰ってきませんし、
今日と同じ日は二度とありません。

今足りないものを探すより、
今与えられているものを数えて、
存分に楽しんでいきたいですね。

立ちどまらなければ

風がどこに吹いているのか
わからないように、
今吹いている風を感じて
明日への追い風にしましょう。

あなたへ贈る曲

「幸せってなんだろう」　ナイト de ライト

当たり前の日常を失って初めて、その尊《とうと》さに気づいた。いつもいてくれる人、帰ることができる場所、今日という一日の尊さに気づかせてくれる曲。

18

仲直りできる自信がない。

自然に良くなっていく
関係なんてない。
不自然でも行動に出よう。
その人が生きているうちに。

放《ほう》っておけば
どんどん固くなっていくのは
体だけじゃなく心もです。

「おっしゃ！　マッサージするか！」と、
肩こりをほぐしてあげるように
相手の心もほぐしてあげたいですね。

童話「北風と太陽」のように
相手を変えてやろうと、
冷たい雨風を送っても
かえって体をこわばらせてしまいます。

太陽のように
暖かい光を差し伸べたら
相手は自然と
自分から変わっていけるでしょう。

『今日』と言われている間、
日々互いに励《はげ》まし合って、
だれも罪に惑《まど》わされて
頑《かたく》なにならないようにしなさい。」

聖書はそう励ましています。

失ってから、
その人の大きさに気づいて
感謝するのが普通。
今日、まだ失っていないなら、
関係の修復《しゅうふく》に遅すぎるということは
決してありません。

この心がほぐされて、
柔らかくいられますように。

あなたへ贈る曲

「NIJI」 **ナイト de ライト**

遠くで見ると綺麗だけど、近づくと見えなくなるのが虹。人と人との関係も、近すぎると見失うけれど、離れてみるといろんな感情という色でつながれていることに気づく。失いたくない人との間にかけられた何色もの美しい絆《きずな》を思い起こす一曲。

19

むちゃぶりされた。

自分は被害者だと思えば「害《がい》」になる。挑戦者だと思えば「力《ちから》」になる。

「蛇《へび》をつかんでも、毒を飲んでも害を受けません」
という聖書の言葉があります。

蛇をつかむのは怖いし、
毒を飲むのは危険です。

でも、聖書でモーセという人は、
蛇をつかんだら
それがエジプトの王に力を示すチャンスになった
という話があります。
また、「毒薬変じて薬となる」
なんてことわざもあります。

問題は「害」を受けることです。
生きていれば、
蛇のように
望まないものをつかまなければいけない時もあるし、

毒みたいに
苦いものを飲まなきゃいけない時もあります。
でも、**それさえもチャンス**や
薬に変えていける。

どんなむちゃぶりも、
予期せぬトラブルも、
あなたに**致命傷《ちめいしょう》を**
負わせるには至らない。

むしろ力に変えていけるのが、
「自分は被害者だ」という人ではなく、
「自分は挑戦者だ」という人の可能性です。

ピンチでこそ真価《しんか》が問われ、
限界を超えてこそ伸びしろに気づく。

すべての害から守られて
逆境《ぎゃっきょう》さえ力に変えていけますように。

あなたへ贈る曲

「人生ロデオ」 **ナイト de ライト**

縦横無尽《じゅうおうむじん》に暴れくるう牛のように、予測できない人生の展開が今日も待っている。「思う存分暴れてみろ！」と覚悟する歌詞の潔《いさぎよ》さが、踏み出す一歩に力をくれるファイトソング。

20

ケンカした。

一度「好き」が冷めてやっと愛になる。

人間は生涯、
5万人の人と出会って、
3千人の名前を覚え、
そのうち顔と名前が
一致するのが300人。

友だちと呼べるのは30人。
そして、親友はたったの3人だそうです。

一生のうちに
たくさんの出会いがありますが、
「絶対に失いたくない」って
思わせてくれる人と出会ったのなら
あなたは幸せものじゃないでしょうか。

KANさんの「カレーライス」という曲の歌詞が好きです。

「一度冷めて
　また温めて　それでいい」
　　（作詞・作曲ＫＡＮ「カレーライス」）

次の日のカレーがおいしいのは、
一度冷めるから。

あの人との関係だって、
何度冷めても、
また**温め直すことはできます。**

人生を終えるベッドの上で
「なんであのとき
たった一言、
『ごめん』
『ありがとう』が言えなかったんだろう」
って後悔したくはない。

その人が生きてくれているなら、
自分が生きているなら、
希望はあります。

失いたくない人との関係が
守られますように。

あなたへ贈る曲

「僕らのページ」　**ナイト de ライト**

15 年以上連れそったバンドメンバーとの出会いから今までを歌った曲。
夢を叶えるためにメンバーが集まったのではなく、このメンバーでその夢を叶えたい。そんな夢と思い出が詰《つ》まった歌。

21

あの一言に傷ついた。

ほんの一言の痛みを
知っている人は
たった一言も
大事にできる人。

「糸」など数々の名曲を生み出した中島みゆきさんが
小学3年のとき、
いけない言葉を口にして
お父さんに
こう叱られたことがあったそうです。

「刃物で切った傷なら薬で治せるけど、
言葉で切った傷につける薬はない。」

その体験を経て、みゆきさんは
「切る言葉があるなら治す言葉もあるのではないだろうか」
と感じたことが、
歌を作る上での原点になったと語っています。

「軽率《けいそつ》に話して人を剣で刺すような者がいる。
しかし、知恵のある人の舌は人を癒やす。」
そう聖書は語ります。

たった「ひと言」が、
いっしょう残る**傷になることもあれば**
いっしょう**生かす力になることもある。**

「おはよう」「ありがとう」「ごめんね」
この一言だけでも、
だれかの一日を
ハッピーにすることができます。

この口から出るひと言が
だれかの癒やしになりますように。

いつも励ましてくれるひと言に、
ちゃんと感謝できますように。

あなたへ贈る曲

「Voice」 **ナイト de ライト**

不安なときに、聞くだけで心が落ち着く声がある。家族の声。お世話になった先生の声。恋人の声。あなたの声も誰かにとっての拠《よ》り所。

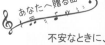

22

家族とうまくやっていきたい。

「親しい仲にも礼儀《れいぎ》あり」
ではなく、
親しいからこそ
礼儀が必要。

二〇一六年、警察庁がショッキングな発表。
摘発《てきはつ》した殺人事件（未遂《みすい》をふくむ）のうち55％、
つまり半数以上が「親族間殺人」。

愛することが難しい人はいつでも、
遠い関係ではなく、
近い関係にある人です。

家族だからこそ傷つけ合うし、
一生懸命愛そうとしたからこそ
ついてしまった傷があるのではないでしょうか。

ぼくたちはハリネズミのように、
近づけば近づくほど、
傷つけ合ってしまうのですね。

たとえそうだとしても、

近しい人のぬくもりを感じなければ
生きていけないのが
ぼくたちではないでしょうか。

聖書は、今の時代
「多くの人の愛が冷えます」
と言っています。

血を分けた家族同士じゃなければ
温められない心があります。

焚《た》き火に小枝をくべるように、
家族への小さな心配りが
結局は自分の心をも温めていきます。

親しいからこそ礼儀が必要。
「ありがとう」

「ごめんね」
それだけは**ちゃんと言葉にする**ところから
始めたいと思います。

あなたへ贈る曲

「Familia」　ナイト de ライト

近くにいるとなかなか素直になれないけれど、やっぱり伝えたい思いは「ありがとう」の一言。家族の温かみが感じられる曲。

23

自分は親不《ふ》孝《こう》者《もの》だと思う。

何ができても
できなくても
何を持っていても
失っても
あなたは愛する子。

あなたが元気でいてくれたら、それでいい。
そう願ってしまうのが親心《おやごころ》です。

聖書にどうしようもない親不孝な息子が出てきます。
その息子は家を飛び出し、
好き勝手に生きて、
ついにはお金も何もかも失い、
人生のどん底まで落ちたとき、
自分の罪に気づき、
こう思いました。

「父のところに行こう。そしてこう言おう。
『お父さん。私は天に対して罪を犯し、
あなたの前に罪ある者です。
もう、息子と呼ばれる資格はありません。
雇《やと》い人の一人にしてください。』」

我が子っていうのは
資格ではなく事実です。

でも、**罪という**「**こころの歪《ゆが》み**」は
自分がだれなのかわからなくさせます。

あなたは、
良い行いだけを求められる
「雇い人」なんかじゃない。
悪ければ解雇《かいこ》される
「労働力」じゃない。

愛する子です。

いてくれるだけで、
喜ばれているんです。

あなたが笑っていてくれるなら、
すべてを捨てても惜しくない。
そんなふうに**愛された者らしく**、
今を歩んでいけますように。

あなたへ贈る曲

「白彗《はくすい》」

ナイト de ライト

猛吹雪の中で10時間以上、その父は自分の服を着せて命尽《つ》きるまで娘を暖め続けた。救助隊が駆《か》けつけたとき、父はすでに冷たくなっていたが、娘には息があったという。実話をもとにした父親の愛が、聞く人に迫《せま》る。

24

もっとフォロワーを増やしたい。

人気は追いかけるもの
じゃなく
ついてくるもの。

「好きになってほしい！」って思うあまり、
自分を偽《いつわ》って生きるよりも、
嫌われたってかまわないから
自分に**正直に生きるほうが**
かえって魅力的なのかもしれません。

ぼくがアメリカに飛んでいくほど惹《ひ》かれ、
弟子入りしたドラムの師匠《ししょう》は
いつも言っていました。
「パフォーマンスするな。」

それは、ステージの上でだけ
良い自分を演じるなという意味でした。
誰も見ていないところでの生き方が
音になり、ステージに現れる。

ステージに立っていない時こそが

最も輝く時だということを
身をもって教えてくれた人でした。

人の目に触れないところで
いつもだれかの必要を探し、
励ましの言葉を贈り、
助けが必要な人に手を貸して、
目の前にいるぼくを
「なにか特別な存在」に感じさせてくれる人でした。

偉ぶるどころか
だれよりも低いその姿勢が、
今でもぼくの模範《もはん》として、
迷った時に見上げる存在に
なっていることを思うと、

「自分を低くするものは高くされるのです」

という聖書の言葉は
本当なんだと思いました。

本当の謙遜《けんそん》は
自分を否定することじゃなく
低くなることを恐れない勇気。

人からどう思われるかよりも、
自分がどう思うかです。

演じた自分を好きになってくれる100人は
長続きしないけれど、
正直な自分を愛してくれる１人との出会いは
人生を変えます。

自分を偽らなくても
あなたを好きでいてくれる人がいる。
正直なあなたは、いつだって輝いて見えます。

あなたへ贈る曲

「ギターケース」

ナイト de ライト

ギターを弾き語る唄《うた》い人といつも一緒にいるけれど、ステージまで送り届けたら自らは影に潜《ひそ》めるギターケースの健気さに心温められる曲。メンバー4人でワンテイク収録。

25

挑戦したいけど、すごく怖い。

勇敢《ゆうかん》な人とは
ビビらない人じゃない。
足が震《ふる》えても
逃げない人だ。

恐れの正体《しょうたい》は、
過去の嫌な経験を再び味わいたくなくて、
今の自分を守ろうとするものでもあります。

でも、時に恐れに立ち向かうのは、
過去は変えられないけど、
未来は変えられるからです。

聖書には「恐れるな」って言葉が
365回出てきます。
毎日、言われているようなものです。
それだけ、**人間は怖がりなんだ**
と言っているようですね。

でも、足が震えるのは
おっけい。

それでも**背中を支えてくれている**
愛があることを忘れないでいれば
おっけい。

「愛には恐れがありません。」（聖書）

どんなにビビってしまっても、
しばらく怯《おび》えたら
スイッチいれて、チャレンジします。

自分を信じてくれた、
自分を愛してくれた、
自分をあきらめなかった愛が
あなたの背中を押しています。

どんなにビビったって、
恐れに負けて終えることはしません。

あなたへ贈る曲

「曲の途中で語るやつやってみたい」 **ナイト de ライト**

決めつけられた自分のキャラを打ち破り、もっている偏見《へんけん》をぶっ壊して、本当の自分を解《と》き放《はな》て。怖いけど挑戦してみせる主人公の思い切りに、勇気をもらえる曲。

26

目に見えるものしか信じられない。

目には見えない部分を
想像すると
毎日が色鮮《いろあざ》やかに
見えてくる。

しわくちゃになったおじいちゃんの手。
使い込まれた先輩のグローブ。
盛り付けられたお母さんの手料理。

そこまでに至った
見えない部分を想像すると、
目の前にある日常も輝いて見えます。

「いちばん大切なものは目に見えないんだよ」
と言ったのは、
星の王子さまでした。

そういえば、
空気も
親切も
希望も
愛も

目に見えないけど、
なければ生きられないほど大切ですね。

「きみがバラをかけがえのないものにしたのは、
きみがバラのために費《つい》やした時間だったんだ。」
（サン＝テクジュペリ『星の王子さま』）

目に見えるものだけでは、
そこに注がれた時間も愛情も見えません。
見えないところにこそ、
見失ってはいけない価値があります。

この心の目はいつも
ぱっちり開いていられますように。

「私たちは見えるものにではなく、
見えないものに目を留めます。

見えるものは一時的であり、
見えないものは永遠に続くからです。」
（聖書）

あなたへ贈る曲

「愛心」 ナイト de ライト

他人の愛、家族の愛、本当の愛。そんなものありはしないとつぶやきながらも、切望している自分。目に見えない愛の本質を考えさせる名曲バラード。

27

ふるいにかけられている。

ゆさぶられて
本物になる。
本物が残る。

建物には、地震に対する強さを証明する
「耐震強度《たいしんきょうど》」というものがあります。

ゆさぶられたことがなければ
強さは証明できません。

日本は地震大国だけど、
ぼくたちの毎日もゆさぶられます。
学校は、学んでからテストを受けますが、
人生は、テストされてから学ぶことのほうが多いですね。

テストもゆさぶりも
全然楽しいものじゃありません。

でも、ゆさぶられなければ
身に付けられない力があり、
ゆさぶられなければ

明らかにされない力があります。

あなたがつらい時に、
見てみぬふりして
離れていく人もいるでしょう。
同時に、そういう時こそ
ゆるがない岩のように変わらず
あなたを支えてくれる存在に気づくでしょう。

困難は
ぼくたちに忍耐《にんたい》を教え、
内側をととのえ、
必ずやってくる危機の日に
倒されない力を与えてくれるんですね。

火であぶられ不純物《ふじゅんぶつ》が溶け落ちて、
純金《じゅんきん》が作られるように、

試練の炎が、あなたを本物にしてくれますように。

「ですから私たちは、さまざまの苦しみや
困難に直面した時も喜ぶことができます。
それによって忍耐を学ぶからです。
忍耐によって私たちの品性《ひんせい》が磨《みが》かれ、
さらに、それによって希望が与えられるのです。
こうして、私たちの希望と信仰は強められ、
どんなことにも動じなくなるのです。」

（聖書）

あなたへ贈る曲

「eyes」 ナイト de ライト

弱り果て、すべて失った自分を、変わらずに愛し、受け入れてくれた真実の友の存在を歌った曲。苦しみのなかでこそ気づけた本当の友の眼差しは、生きる力をもう一度与えてくれた。

28

自分がない気がする。

思う存分
人から感化《かんか》された
最後には
オリジナルで勝負！

「真似《まね》してるだけじゃん」
そんなことを言われると
自分がない気がします。

でも、真似もパクリも大いにけっこう。
あなたは**真似しているのではなく、**
感化されているのです。

コピー（真似）とインスパイアー（感化）は違います。
たくさん人から感化されて、
どんどん**あなたしか出せない味が出てきます**。

歌詞にしても
文章にしても
作品にしても
今日、目の前にいる人に語る言葉にしても、

世界中にあふれている素敵なものから
大いに吸収して、
最終的には
〝オリジナリティ〟で勝負したい。
というか、
「勝負」はオリジナリティでしかできないのでしょう。

下手くそでも
足りなくても、
自分の目で見て
自分の手で触れて
自分の心からあぶり出された言葉は
すべてあなたのオリジナルです。

今日も輝け！
あなたのオリジナリティ。

あなたへ贈る曲

「AKA」 **ナイト de ライト**

ひきこもりの子の心情を歌ったこの曲は、誰しもが持った孤立感を癒やす。自分だけの「色」を受け入れ、輝かせる一歩をくれる感情沸《わ》き立つ名曲。

29

期待に応《こた》えるのがキツイ。

させられている
と思うと疲れる。
させてもらっている
と思うとがんばれる。

マザー・テレサはこう言いました。

「人は不合理《ふごうり》、非論理《ひろんり》、利己的《りこてき》です。
気にすることなく、人を愛しなさい。
あなたが善を行うと、
利己的な目的でそれをしたと言われるでしょう。
気にすることなく、善を行いなさい。

目的を達しようとするとき、
邪魔立てする人に出会うでしょう。
気にすることなく、やり遂《と》げなさい。
善《よ》い行いをしても、
おそらく次の日には忘れられるでしょう。
気にすることなく、し続けなさい。

あなたの正直さと誠実さとが、
あなたを傷つけるでしょう。

気にすることなく正直で、誠実であり続けなさい。
あなたが作り上げたものが、壊されるでしょう。
気にすることなく、作り続けなさい。

助けた相手から、恩知《おんし》らずの仕打ちを受けるでしょう。
気にすることなく、助け続けなさい。
あなたの中の最良《さいりょう》のものを、世に与えなさい。

蹴《け》り返されるかもしれません。
でも気にすることなく、
最良のものを与え続けなさい。

なぜなら実は最初からあなたは
相手のためにしたのではなく、
神さまのためにしたのだから。」

ベストを尽くすなら、
人に対してじゃなく
天に対して。

認められるために、
ベストを尽くす必要はありません。

認められているからこそ
この道が開かれ、
認められているからこそ
自分らしく全力で生きられます。

神さまは乗り越えられない
試練を与えませんから。

あなたへ贈る曲

「青のリュウゼツラン」　**ナイト de ライト**

50 年に一度だけ花を咲かせるという植物。自分の時が来ると天に向かって 10 メートル以上も一気に伸びて開花する。自分の時に、自分の花を咲かせるひたむきさに励まされる曲。

30

やらないといけないことが多すぎる。

どんなに予定が
いっぱいでも、
心には余白《よはく》を作る
努力を惜しまない。

ある男が、木こりとして働くことになりました。
やる気満々でのぞんだ1日目、
だれよりも多い18本もの木を切り倒しました。

勢いづいた男は次の日、
さらに早起きして働きましたが、
15本しか切れませんでした。
3日目は10本だけ。
4日目は7本のみ。

一生懸命斧《おの》を振っているのに、
切り倒せる木は
どんどん減っていくではありませんか。

そんな姿を見かねて親方が男に聞きました。
「最後に斧を研《と》いだのはいつだい？」

男は答えました。
「木を切るのに忙しすぎて、
斧を研ぐ時間なんてありませんよ！」

研がれていない斧では、
どんなにがんばっても**成果はでません**ね。

リンカーン元大統領は言いました。
「もし8時間、木を切る時間を与えられたら、
そのうち6時間を私は斧を研ぐのに使うだろう。」

ぼくらもTO DOリストがいっぱいな毎日ですね。
だからこそ**心休ませ**、
研いであげる時間は
まず最初に必要です。

「何を見張るよりも、
あなたの心を見守れ。
いのちの泉はこれから湧《わ》く。」

聖書はこう語ります。

忙しいときこそ作る、**心休まる時間が**
前に進むための力になります。

あなたがスマホをOFFっても
世界は終わりません。

自分のためだけじゃなく、
あなたの心に余白が生まれ、
その表情にほほえみがあるなら、
安心できる人がいます。

あなたへ贈る曲

「大切サウンドぅ」　**ナイト de ライト**

仲間のゆかいな会話、名前を呼ぶ声、お腹にいる赤ちゃんの心音、愛する人が息を引き取る音。どんなに忙しくても、聞き逃したくない音があります。何気ないようで大切な音に助けられていることに気づかせてくれる曲。

31

人と比べて劣等感《れっとうかん》を感じている。

最高の「あなた」になるための必要な材料はもうあなたの中にある。

「わたしの恵みはあなたに十分である」
という聖書の言葉があります。

あなただけに託《たく》された人生を生きるのに
必要なすべてはもう十分に与えられているのですね。

神さまは、
あなたができないことなんて何も望んでいない。
あなただけの色を輝かせる
能力も、時間も、
体力もぜんぶ備えられています。

血を流す努力を重ねたとしても、
あなたがうらやむ「あの人」も
「あなた」になることはできないのです。

人と比べることも大切なことだと思います。

憧れるモデルがいるから
目指すことができる。
ライバルがいるから
刺激になり、向上心《こうじょうしん》が生まれます。

仲間やライバルの成功は、
結局自分の成長になる。

みんな、あなたの内側に備えられている
可能性を開花《かいか》させる原動力。

ベストを尽《つ》くして
だれかのようになる必要はありません。
ベストを尽くして
神さまが与えた**最高の自分になっていきましょう。**

あなたへ贈る曲

「It's OK!!」 **ナイト de ライト**

あなたのすべてを知って、すべてを受け入れて、「素のあなたが最高！」って送り出してくれる、心に安心をくれる曲。

おわりに

「明日を生きる希望を届けたい。」

その一心で15年間、「ナイトdeライト」というバンドで歌い続けてきました。

「死にたいと思ってたけど、ナイトdeライトの曲を聞いて生きたいと思った。」

「屋上から飛び降りようとしたとき、『なら途中で人生を辞めようか。そんなものは選択肢とは言えない』（「君はそれで素晴らしい」より）という歌詞が頭に響いて、思い留まりました。」

そんな言葉と出会えたとき、ぼくたちの歩みは間違っていなかったんだと思えました。

おわりに

人生にはいろんな時があって、うれしい時や楽しい時以上に、寂しい時、孤独な時、そして死にたい時、消えたいと感じる時がある。そんな時、寄りそう言葉と音楽を本を通して届けたいと思ったのは、ぼく自身が「死にたい時」を這《は》いずったからです。

希望を歌うロックバンド、ナイトdeライトのドラマーとして生きるのは、もう一度人生をスタートしても同じ道を選びたいと思えるほどありがたく、喜ばしいことでした。情熱と喜びと感謝だけは人一倍感じながら走ることが、自分の最大の取《と》り柄《え》だと思ってきました。

そして迎えた二〇一七年、ぼくは自分の内側に異変《いへん》を感じました。以前、あんなにあった情熱も、この生き方に対する感謝も、大好きな音楽をしながら希望を歌える喜びも、ガランとまるで残っていない自分がいたのです。

頭の中は自分を責める言葉だけが響きわたり、心臓は今にも張り裂けんばかりに鼓動していました。目覚めてから意識を失うまで、ただ息を吸って吐くだけで精いっぱいな毎日でした。

当時、ゼップダイバーシティ東京単独ライブを目指して怒涛《どとう》のツアースケジュールが舞い込んで来るなか、ぼくはひたすらに「除外《じょがい》されること」を願いました。「こんな感謝も喜びも情熱も失ったぼくに、希望を歌う資格はない」と。7歳と4歳の幼い子どもがいるにもかかわらず、本気で死のうと思ったことが2、3度ありました。

生きる気力もなければ、死ぬ勇気もないまま、5か月の時が流れました。

しかし、すべてを失った、もう何も残っていない、そう思いながらも、ずっとそばで添えられていた言葉に気づきました。

それは「何ができても、できなくても、何を持っていても、失っても、あなたは最高だよ」って変わらずにいてくれる家族とメンバーの目線、そして愛情でした。

地獄の5か月間でした。でも、すべてを失ったと感じた期間を通ったからこそ、それでも失われないものがあることに気づけました。取り柄を失って初めて、何かできるから愛されているわけではないことを知りました。愛されるためにがんばる必要はない。愛されているからこそがんばれる。今のぼくの音楽と言葉は、そんな体験からの恩返し、恩送りのようなものです。

この本を手にとってくださってありがとうございます。

当時のぼくの呼吸が楽になったのは、孤立するなか、手元にあったスマホから流れる「希望を感じられる言葉」と「優しい音」を聞いている時でした。自分はあきらめているのに、自分をあきらめていない人の言葉が、違和感と同時に少しだけ心が楽になれる呼吸を与えてくれました。

この本と、ぼくらの音があなたの傍《かたわ》らで寄りそい、心の呼吸を楽にしてくれますように。今はどんなに見えなくても、先にある希望を感じさせてくれますように。

何ができても、できなくても、何を得ても、失っても、あなたを愛している人がいます。そして、あなたしか愛せない人がいます。あなただから抱きしめられる人がいる。あなたのぬくもりを感じて、ようやく安心できる人がいる。あなたがいるから生きられる人がいることを、忘れないでください。

「愛されてる　望まれてる　明日へ続く　その命」
（ナイトdeライト「明日への歌」より）

最後に、この本を制作するにあたって、ぼくの一歩を励まし続けてくれた中村恵久くん、出版社とつながりを作ってくれた大嶋重徳先生、聴くドラマ聖書とLine@コラム「心にバスドラム」を毎日受け取ってくれた方々、一緒に苦闘し作りあげてくれた編集者の米本円香さんを始めとするいのちのことば社の方々、ずっと一緒に成長してきたユースの一人ひとり、仲間の挑戦を応援してくれたナイトdeライト、いつもぼくのために祈って送り出してくれた妻と子どもたち、そのすべてを与えてくれた神さまに心から感謝を込めて。

田中満矢

★引用・参考にした本

『聖書 新改訳2017』
『聖書 新改訳』（第三版）
『リビングバイブル』〈旧新約〉いのちのことば社
『こころのチキンスープ』ジャック・キャンフィールド、マーク・V・ハンセン、ダイヤモンド社
『寓話セラピー　目からウロコの51話』ホルヘ・ブカイ、めるくまーる
『社会とことば』井上ひさし、岩波書店

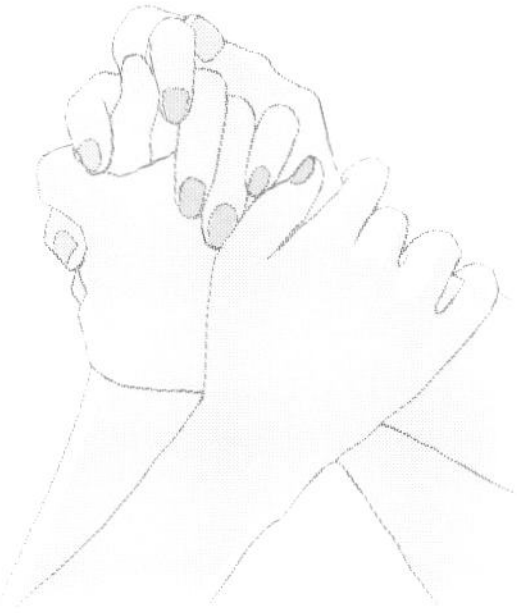

海道いのちの電話×ナイト de ライト

タイアップ MV「生きててくれてありがとう」

「誰かに話したいことがあるのではないですか？　消えてしまいたい、すべて忘れたい、生きる意味がない、と思っているのではないですか？　私たちは、“あなたはあなたのまま でいいよ”と思っています。“そしてあなたのそばにいさせてね”と思っています。この『生きててくれてありがとう』を聴いてみてください。」

——— 北海道いのちの電話

〈相談電話番号の案内〉

誰にも言えない気持ち、聴かせてください。

ナビダイヤルいのちの電話　0570-783-556
フリーダイヤルいのちの電話　0120-783-556

全国のいのちの電話はこちらから

もしよければ、
#ここかる31 とつけて Twitter、Instagram、facebook で、本についてつぶやいてみてくださいね！
「いいね」しにいきます。
田中満矢

いいんだよ、昨日までのこと全部。
心が軽くなる31のアンサー

2021年 7 月10日　発行
2023年12月25日　6 刷

著　者　田中満矢

印刷製本　シナノ印刷株式会社

発　行　いのちのことば社

〒164-0001　東京都中野区中野2-1-5
電話　03-5341-6924(編集)／03-5341-6920(営業)
FAX　03-5341-6921
e-mail : support@wlpm.or.jp　http://www.wlpm.or.jp/

ISBN 978-4-264-04274-7